COMMENT INVESTIR DANS L'IMMOBILIER ? UN GUIDE ABSOLU POUR LA GESTION DE VOTRE PATRIMOINE EN FPI

2

Contenu

AVANT

Définition d'un investissement immobilier

En utilisant les actifs immobiliers comme véhicule d'investissement, les investissements immobiliers génèrent des bénéfices de diverses manières. Des méthodes simples pour y parvenir comprennent la possession d'un bien immobilier, la génération de flux de trésorerie à partir des revenus locatifs et la vente de l'actif pour de l'argent supplémentaire en raison de l'appréciation de la valeur.

Lorsqu'il est bien fait, l'investissement immobilier a le potentiel de surperformer le marché boursier et de créer une richesse qui dure pendant des générations. Il existe quatre façons principales de gagner de l'argent en possédant un bien immobilier. Cela comprend les dividendes provenant de la détention d'actions de fiducie de placement immobilier (FPI), les revenus locatifs, les gains en capital, les gains en capital supplémentaires, etc.

• Les investisseurs immobiliers utilisent un certain nombre de stratégies pour gagner de l'argent avec des investissements immobiliers.

• Les exemples d'investissement immobilier incluent la vente de maisons, leur location, la possession d'actions de FPI, des revenus secondaires, des plateformes immobilières Internet, etc.

• L'immobilier peut créer de la richesse pendant des générations, bien qu'il soit difficile d'estimer le taux de rendement historique moyen réel pour les investisseurs immobiliers.

- L'investissement immobilier offre plusieurs avantages, notamment des revenus locatifs passifs, une plus-value immobilière, un levier d'investissement et un traitement fiscal favorable.

Pourquoi investir dans l'immobilier ?

Les motivations des investissements immobiliers

L'investissement immobilier peut potentiellement mettre beaucoup d'argent sur votre compte bancaire, mais il comporte également des risques potentiels et nécessite un examen attentif. Voici quelques-unes des principales raisons d'investir dans l'immobilier.

(N'oubliez pas que ni l'appréciation ni les flux de trésorerie ne sont certains. Pour améliorer vos chances de gagner, vous devez faire des recherches sur les maisons et les communautés.)

Trésorerie régulière

Posséder une maison peut augmenter votre revenu mensuel. Si vous achetez un bien immobilier résidentiel ou commercial, vous pouvez louer votre espace à des locataires. Vous recevrez ensuite les mensualités de loyer par courrier. Mais attention : vous devez vérifier vos relevés de paiement si vous souhaitez réduire les risques que vos locataires ne paient un jour leur loyer.

Grands retours

Si votre propriété prend de la valeur avec le temps, vous pourrez peut-être la vendre avec un profit important. Cependant, gardez à l'esprit que l'acceptation n'est pas une donnée. Pour obtenir des rendements aussi élevés, vous devez investir dans le bon type de bien immobilier.

. stabilité à long terme

Parce que l'immobilier est un investissement à long terme, vous pouvez le conserver plusieurs années en attendant qu'il prenne de la valeur. Si vous louez votre maison, vous pourrez peut-être gagner un revenu mensuel en attendant que la valeur augmente.

diversification

Votre diversification financière est accrue avec l'inclusion de biens immobiliers, ce qui contribue à vous protéger des fluctuations du marché. Supposons qu'un ralentissement économique touche certaines actions. La valeur de votre portefeuille d'immeubles de placement peut augmenter, vous protégeant des pertes subies par vos autres actifs.

Levier financier

Si vous investissez dans l'immobilier, vous n'avez probablement pas les liquidités nécessaires pour acheter une maison. Considérant que vous souhaitez louer une maison unifamiliale, le prix peut atteindre 200 000 $. L'effet de levier joue ici un rôle. L'effet de levier immobilier est l'achat d'un bien immobilier avec l'aide de l'argent de quelqu'un d'autre. Dans ce scénario, vous emprunteriez de l'argent auprès d'une banque, d'une société de crédit hypothécaire ou d'une coopérative de crédit et vous le rembourseriez progressivement. De cette façon, vous pouvez augmenter le nombre de vos propriétés sans avoir à payer la totalité du prix.

Évitement déflationniste

Les placements immobiliers sont considérés comme une couverture contre l'inflation. Les loyers et les prix de l'immobilier augmentent souvent parallèlement à l'augmentation des dépenses en biens et services. Par conséquent, les immeubles de placement peuvent vous procurer un revenu mensuel croissant et des gains en capital qui aident à protéger vos finances tandis que le coût de tout le reste augmente.

Possibilité de lever des capitaux

L'augmentation de votre trésorerie, souvent appelée constitution de capital, est l'un des principaux objectifs de l'investissement immobilier. Lorsque vous vendez un bien qui a pris de la valeur, votre capital augmente. L'astuce consiste clairement à faire les bons investissements dans des propriétés dont la valeur s'apprécie.

contrôle et satisfaction

Posséder un immeuble de placement s'accompagne d'avantages non financiers supplémentaires. De nombreux investisseurs bénéficient d'être leur propre patron, ce qui est rendu possible par la possession d'un immeuble de placement. D'autres façons d'améliorer votre communauté comprennent l'offre de logements locatifs ou l'attraction d'entreprises sur des sites commerciaux qui fournissent des services indispensables aux zones environnantes.

Les trois principales catégories d'actifs immobiliers sont les suivantes :

1.   Résidentiel : Immeubles de un à quatre appartements. Les investisseurs maman et papa choisissent ce type d'investissement immobilier car c'est le plus réglementé et le plus populaire.

2.   Immobilier commercial : Cette large classification comprend les immeubles de bureaux, de vente au détail, industriels, multifamiliaux (5+ unités) et d'autres types d'immobilier commercial.

3.   Terrain : Qu'il soit totalement vacant, partiellement aménagé ou utilisé pour l'agriculture, le terrain peut être un investissement très intéressant, mais il a ses propres

caractéristiques et nécessite une compréhension particulière.

Chaque investisseur SMART devrait se fixer des objectifs immobiliers.

Quels sont les objectifs SMART dans l'immobilier ?

Saviez-vous que les entreprises avec des objectifs clairement définis réussissent dix fois mieux que celles qui n'en ont pas ? Selon une étude récente de la Harvard Business University, 83 % des gens ne se fixent pas d'objectifs, et parmi ceux qui le font, 92 % ne les atteignent pas. Premièrement, pourquoi si peu de gens se fixent des objectifs ? Deuxièmement, pourquoi n'y a-t-il pas plus de personnes qui réussissent à atteindre ces objectifs ? La réponse est simple : la plupart des gens ne se fixent pas d'objectifs raisonnables.

- Spécifique

- Mesurable

- Accessible

- Pertinent

- limité dans le temps

Vous pouvez utiliser l'acronyme SMART pour guider le processus de définition des objectifs de votre entreprise immobilière.

- Objectifs commerciaux : une organisation peut avoir des objectifs allant de la génération de prospects à l'expansion de l'équipe. Par exemple, un objectif commercial peut être de gagner 10 % d'abonnés supplémentaires sur les réseaux sociaux au cours des six prochains mois. La publicité Web payante et le marketing de bouche à oreille peuvent être utilisés à cette fin. En tant que cible d'entreprise pour les activités d'investissement, trois contrats de gros pourraient être conclus en un an. Votre entreprise dictera exactement par où commencer.

- L'établissement d'objectifs personnels est un excellent moyen de vous assurer que votre croissance correspond à celle de votre société d'investissement. Les objectifs personnels incluent souvent la lecture d'un livre par mois pendant un an ou l'écoute d'un podcast d'investissement par semaine. Les objectifs personnels peuvent vous aider à établir de nouvelles relations, à élargir vos responsabilités quotidiennes et à développer vos compétences.

• Objectifs familiaux : Il est important de réserver du temps à la famille ou aux amis pendant que les investisseurs se concentrent sur des objectifs SMART pour leur développement professionnel et personnel. Un bon exemple d'objectif familial est de fixer une journée hebdomadaire sans appel pour passer plus de temps avec ses proches. De même, de nombreux investisseurs peuvent choisir de s'absenter pendant les vacances ou d'organiser une sortie en famille. Gardez à l'esprit que ces objectifs peuvent être essentiels pour favoriser l'équilibre dans la création d'une entreprise immobilière prospère.

Comment faire des investissements immobiliers judicieux ?

- techniques commerciales
- Fixez et retournez. Trouver des maisons qui ont besoin de travaux, effectuer les réparations nécessaires, puis les revendre à des prix élevés pour réaliser un profit est connu sous le nom de méthode "réparer et retourner".
- Il s'agit notamment de la vente en gros, du vol de maison, du loyer d'habitation d'alors, du loyer d'habitation d'alors, des investissements BRRRR, des baux d'achat et de conservation à court

terme, des baux d'achat et de conservation à long terme et de l'habitation d'alors - Catégorie de loyer.

Quelle tactique immobilière est la plus rentable ?

reconnaissance

L'appréciation de l'immobilier - une augmentation de la valeur de la propriété qui est prise en compte lors de sa vente - est la méthode la plus courante pour gagner de l'argent dans l'industrie. Les facteurs les plus importants affectant la valeur des biens immobiliers résidentiels et commerciaux sont l'emplacement, le développement et l'appréciation.

Comment évaluer la tolérance au risque ?

Les investisseurs sont souvent interrogés pour déterminer leur tolérance au risque. Cela pourrait inclure l'évaluation de leur horizon temporel, des actifs disponibles et des besoins de revenu, ainsi que leur niveau de confort avec la volatilité continue du marché et le maintien de leurs investissements pendant un repli du marché.

Que signifie la tolérance au risque immobilier ?

Le niveau ou le type de risque qu'un investisseur peut ou est disposé à accepter. Par exemple, les achats immobiliers peuvent être assez lucratifs. La propriété peut être améliorée par un investisseur qui peut ensuite la revendre pour beaucoup plus d'argent.

Comment analyser les risques dans l'immobilier ?

Les risques encourus varieront en fonction des spécificités de votre projet et de la propriété en question. L'analyse des risques immobiliers peut être effectuée à l'aide de diverses techniques telles que l'analyse du seuil de rentabilité, l'analyse quantitative et l'analyse des indices financiers.

Connaissez-vous bien le marché immobilier ?

- Analyse du marché immobilier : 6 étapes en détail
- Examiner les installations et la qualité de la communauté.

- Obtenez des évaluations de propriétés locales.
- Choisissez des valeurs comparatives pour votre étude de marché immobilier.
- Trouvez le prix catalogue moyen pour des propriétés similaires.
- Ajustez vos benchmarks pour affiner votre analyse de marché.

Quel aspect d'une propriété est le plus important?

Les considérations les plus importantes lors d'un investissement immobilier

La maxime "emplacement, emplacement, emplacement" s'applique toujours et reste l'élément le plus important pour la réussite d'un investissement immobilier.

Comment faire une étude de marché immobilier local ?

Comment faire une analyse du marché immobilier

- Étape 1 : Choisissez un quartier ou un emplacement spécifique.
- Étape 2 : Examinez vos rivaux.
- Étape 3 : Recherchez les quartiers que vous souhaitez.
- Étape 4 : Vérifiez les aspects physiques de la zone ou de la propriété.
- Étape 5 : Évaluer les performances de l'oscilloscope.

Quelles sont les conditions du marché immobilier local ?

Bref, lorsqu'il y a plus de maisons à vendre que d'acheteurs potentiels, le prix des maisons baisse. Lorsqu'il y a moins de propriétés disponibles que d'acheteurs potentiels, les prix de l'immobilier augmentent. Lorsqu'il y a presque autant de maisons à vendre qu'il y a d'acheteurs, on dit que le marché est équilibré.

Comment évaluer un marché de quartier ?

Une étude marketing approfondie devrait répondre aux questions suivantes :

Qui sont mes clients potentiels ?

Quelles sont les habitudes d'achat de mes clients ?

Quelle est la taille de mon marché cible ?

Quelle gamme de prix les clients accepteront-ils pour mon offre ?

Quels sont mes principaux concurrents ?
Quels sont les avantages et les inconvénients de mes concurrents ?

Options de financement d'un investissement immobilier

L'argent est utilisé pour financer votre maison.

La première option consiste à payer le coût total de la propriété en espèces à l'avance. Bien sûr, pour y parvenir, vous devez disposer du matériel nécessaire. Avantages : Étant donné que le vendeur n'a pas à se soucier du financement grâce au remboursement anticipé intégral, vos chances de réussir l'achat d'une maison augmentent. En échange de la commodité offerte par l'argent comptant, l'achat en espèces vous permet d'acheter des biens immobiliers à des rabais importants. Les clients qui paient en espèces évitent également les frais d'intérêt élevés associés aux prêts conventionnels, aux dépôts à terme ou aux prêts personnels.

Inconvénients : Dans cette situation, le rapport risque/récompense est important. Les paiements en espèces sont plus sûrs et plus prudents, mais il y a une limite à ce que vous pouvez gagner. Pensez-y de cette façon : si vous dépensez 250 000 $ en espèces, puis louez la propriété pour 2 000 $ par mois, vous obtiendrez 24 000 $ de ventes brutes par an, soit un retour sur investissement brut de 9,6 %. Alternativement, si vous déposez 50 000 $ et que vous contractez un prêt sur 30 ans à 5 %, votre paiement mensuel de capital et d'intérêts serait de 977 $.

Vous pouvez engager un prêteur personnel pour financer votre propriété.

Les prêteurs qui exercent leurs activités indépendamment des institutions financières sont appelés des particuliers. En prêtant à des personnes qui augmentent la valeur de leur immeuble de placement, elles réalisent souvent un profit.

Avantages : Par rapport aux institutions établies, les prêteurs privés sont souvent beaucoup plus flexibles quant à savoir à qui prêter de l'argent et à quelle vitesse ils peuvent le faire. Ils peuvent bénéficier de plusieurs façons s'ils pensent que vous êtes un investissement judicieux. Cela peut être formidable si vous ne répondez pas au profil hypothécaire standard (par exemple, si votre cote de crédit est mauvaise).

Les prêts à durée déterminée peuvent être utilisés pour financer votre propriété.

Certains emprunteurs traitent avec des prêteurs privés de cette façon. C'est ce qu'on appelle un "prêt dur" car il est garanti par un bien corporel, en l'occurrence un bien immobilier. Ce prêt est un type de prêt relais, un arrangement à court terme qui fournit de l'argent jusqu'à ce que la maison puisse être vendue ou qu'une source de financement plus fiable puisse être trouvée.

Obtenez un financement bancaire standard pour votre maison.

Voici le type de financement le plus courant. Dans ce cas, une institution financière donne de l'argent à l'emprunteur en fonction de ses antécédents de crédit et de sa capacité à rembourser le prêt.

Avantages : Alors que les taux d'intérêt sur les prêts immobiliers sont plus élevés que les prêts hypothécaires pour résidence principale, l'utilisation de cette option entraîne souvent des taux d'intérêt plus bas que l'utilisation d'un prêteur privé. De plus, comme mentionné précédemment, le financement par l'intermédiaire d'une banque peut optimiser votre rendement potentiel en fonction du montant d'argent dont vous disposez pour un acompte.

Inconvénients : Le risque est l'un des problèmes possibles. Faire un versement hypothécaire alors qu'un bien locatif est vacant peut réduire considérablement vos revenus. Les emprunteurs peuvent n'avoir qu'un certain nombre de prêts hypothécaires traditionnels ouverts à la fois, et les banques ont des critères de prêt beaucoup plus stricts et un processus d'approbation beaucoup plus long que les prêteurs privés.

Preuve que vous devriez acheter un immeuble de placement

Vous êtes en bonne situation financière

Surtout si vous souhaitez louer la propriété à des locataires, les immeubles de placement nécessitent un niveau de stabilité financière beaucoup plus élevé que les résidences privées. Pour les immeubles de placement, la plupart des prêteurs hypothécaires exigent des emprunteurs qu'ils versent un acompte d'au moins 15 % du prix d'achat. Cependant, lors de l'achat de votre première maison, ce n'est souvent pas nécessaire. Plusieurs États exigent également que les propriétaires d'immeubles de placement obtiennent l'approbation de l'inspecteur de leur maison avant de louer leur propriété, ainsi qu'un acompte plus élevé.

Assurez-vous d'avoir suffisamment d'argent dans votre budget pour couvrir à la fois les dépenses initiales d'achat d'une propriété (par exemple, l'acompte, les frais d'inspection et les frais de clôture) et les frais d'entretien et de réparation en cours. En tant que propriétaire ou propriétaire d'un bien locatif, vous devez effectuer rapidement les réparations nécessaires, ce qui peut nécessiter des réparations d'urgence coûteuses des systèmes de plomberie et de chauffage. Dans plusieurs endroits, les locataires ont le droit de retenir les paiements de loyer s'ils ne réparent pas rapidement les services publics défectueux.

Il y a un retour sur investissement, ou ROI en abrégé.

Les investisseurs immobiliers voient souvent des flux de trésorerie positifs de leurs investissements sur le marché actuel, mais les meilleurs investisseurs calculent leur retour sur investissement (ROI) attendu avant de faire un achat. Suivez ces étapes pour calculer votre retour sur investissement sur des investissements immobiliers potentiels.

Déterminez vos revenus locatifs annuels. Recherchez des maisons similaires à louer. Multipliez par 12 le loyer mensuel typique du type de maison qui vous intéresse pour obtenir le coût pour un an.

Découvrez quel est votre revenu net d'exploitation. Après avoir calculé vos revenus locatifs annuels potentiels, déterminez votre revenu net d'exploitation. Votre revenu net d'exploitation correspond à l'estimation du loyer annuel moins vos dépenses d'exploitation. Tous vos frais d'exploitation sont inclus dans les frais annuels d'entretien de votre propriété. Les coûts comprennent les contributions des citoyens, les assurances et les taxes foncières. Exclure l'hypothèque ou les intérêts lors de la détermination de vos dépenses d'exploitation nettes. Soustrayez vos charges d'exploitation du loyer annuel projeté pour obtenir votre revenu net d'exploitation.

Analysez votre retour sur investissement. Soustrayez votre revenu d'exploitation net du total de votre prêt hypothécaire pour obtenir votre rendement total (ROI).

UNE ANALYSE DU MARCHÉ IMMOBILIER EN DEUX ÉTAPES PRINCIPALES

Premier dépistage à l'étape 1

Pour attirer votre attention sur les zones les plus prometteuses, l'examen initial d'une étude de marché immobilier vise à écarter rapidement les marchés inadaptés. Une fois que vous en avez fait quelques-uns, cette phase peut être complétée en aussi peu que 10 minutes. J'ai réduit ma sélection initiale pour cet exercice à trois "casseurs d'accord".

ressources de données

La personne qui vous vend la propriété doit fournir des comptes prêts à l'emploi détaillant les revenus locatifs et les flux de trésorerie nets après dépenses. Vous pouvez utiliser Zillow.com pour rechercher les coûts de logement et les loyers dans la zone que vous souhaitez acheter afin de vérifier que les informations sont correctes. Vérifiez l'exactitude des numéros de vendeur.

Gestion immobilière efficace

En général, je recommande aux investisseurs de trouver au moins deux gestionnaires immobiliers réputés sur chaque marché, car une mauvaise gestion immobilière est la première cause d'échec d'un investissement immobilier. De cette façon, vous saurez sur quoi vous rabattre si, pour une raison quelconque, la première étape ne fonctionne pas.

Au lieu d'être une petite entreprise familiale opérant à domicile, la société de gestion immobilière doit être une entreprise réputée. Il devrait y avoir un « groupe solide » de gestionnaires, d'agents de location, de gens de métier, etc. pour s'assurer que le service n'est pas affecté par l'absentéisme ou le roulement du personnel.

En embauchant deux sociétés de gestion immobilière de classe mondiale, les petites régions métropolitaines peuvent être efficacement sauvées. Dans une zone métropolitaine de moins de 100 000 habitants, trouver une société de gestion immobilière réputée, et encore moins deux, est un défi.

ressources de données

Vous devriez rechercher le gestionnaire immobilier recommandé par votre propriétaire pour voir s'il vous convient. Vous pouvez : Rechercher un deuxième gestionnaire de propriétés (de secours) :

Consultez les avis en recherchant "gestion immobilière" et "nom de la ville" sur Yelp.com. Concentrez-vous sur les avis des propriétaires plutôt que sur les avis des locataires en colère. Visitez Meetup.com et recherchez des groupes d'investissement immobilier locaux où se trouve la propriété. Envoyez une demande de parrainage par e-mail à l'organisateur du groupe de rencontre.

Que signifie « due diligence » dans un contexte immobilier ?

En termes simples, la diligence raisonnable consiste à recueillir des informations sur les conditions physiques, financières et géographiques de la propriété.

L'expression « faites vos devoirs » avant de faire une offre et après l'approbation de votre contrat est une excellente façon de décrire la diligence raisonnable.

À quoi sert la diligence raisonnable pour un vendeur ?

En menant ses propres recherches devant l'acheteur, un vendeur peut plus facilement identifier ce qu'il pense devoir être réparé, corrigé ou traité, et disposer de suffisamment de temps pour répondre à ces préoccupations de la manière la plus efficace qu'il pense. En d'autres termes, le vendeur peut décider et contrôler quelles cartes lui ont été distribuées.

Quelles sont les implications fiscales des investissements immobiliers ?

L'amortissement est une dépense fiscalement déductible pour les investisseurs immobiliers qui possèdent des immeubles locatifs qui génèrent des revenus. En conséquence, vous êtes susceptible d'avoir une charge fiscale plus faible et un revenu imposable moins élevé.

Comment puis-je éviter de payer des impôts sur mon bien locatif ?

Vous pouvez éviter de payer cette taxe en utilisant la récolte fiscale ou un échange 1031 différé. Alternativement, vous pouvez investir via un compte de retraite ou faire de votre maison de location votre résidence permanente. Pour éviter de perdre de l'argent après un investissement immobilier , n'oubliez pas d'assurer votre bien en permanence.

Qu'est-ce qui est considéré comme un immeuble de placement aux yeux de l'IRS ?

En général, un bien immobilier est considéré comme un placement lorsqu'il est acquis dans le but de réaliser un profit et non pour la résidence personnelle de vous et de votre famille.

Il est crucial que vous choisissiez la stratégie de sortie qui vous convient le mieux lorsque vous investissez dans l'immobilier, car il existe plusieurs options à considérer.

Votre choix est influencé par un certain nombre de variables, notamment :

- Votre statut d'actionnaire
- Votre protection du service de la dette
- Vos objectifs d'investissement à court terme
- Vos objectifs financiers à long terme
- Votre capacité à prendre des risques en tant qu'investissement.

Définissez vos objectifs, renseignez-vous, choisissez une stratégie d'investissement, créez un plan financier, obtenez du financement, évaluez les propriétés, comprenez l'allocation d'actifs et choisissez la gestion immobilière comme premiers pas dans la construction d'un portefeuille immobilier.

Construire une équipe solide, rechercher de la valeur, se développer dans de nouveaux domaines, optimiser la gestion immobilière et envisager des partenariats et des syndications sont quelques conseils pour développer votre portefeuille immobilier.

Comment démarrer votre portefeuille immobilier

L'objectif d'un portefeuille immobilier est d'utiliser ensemble différents actifs immobiliers pour atteindre un objectif financier. Les investisseurs immobiliers doivent bien comprendre tous les aspects de l'investissement immobilier avant de constituer un portefeuille immobilier, bien que cela puisse être bénéfique.

Suivez ces étapes pour commencer à créer votre portefeuille immobilier :

Organisez vos objectifs.

Se fixer des objectifs est la première étape pour démarrer une entreprise prospère. Vos objectifs personnels, vos objectifs financiers et vos objectifs d'investissement sont tous importants et influenceront la voie à suivre. Vous pouvez créer un plan pour atteindre vos objectifs et prendre des décisions financières éclairées en vous fixant des objectifs clairs. Ce plan sera essentiel dans la gestion de l'expansion de votre portefeuille immobilier.

Choisissez une stratégie de dépenses.

Une fois que vous vous êtes familiarisé avec le marché du logement, vous pouvez commencer à réfléchir au type de stratégie d'investissement immobilier que vous souhaitez utiliser. Que vous investissiez dans l'immobilier résidentiel, l'immobilier commercial ou un mélange de ces trois types d'immobilier, c'est à vous de décider. Déterminez si vous souhaitez vous concentrer sur l'investissement dans des immeubles locatifs pour générer des revenus ou rechercher des opportunités de réparation et d'inversion. Ces décisions affecteront le reste de la construction de votre portefeuille.

Considérant les maisons

Vous devriez commencer votre recherche de propriété après avoir recherché vos options de financement et trouvé une solution. Vous devriez commencer par une étude de marché approfondie pour identifier les quartiers et les maisons qui répondent à vos objectifs. Vous pouvez ensuite évaluer chaque propriété, puis effectuer une diligence raisonnable. L'essentiel est de choisir des propriétés qui soutiennent à la fois votre stratégie d'investissement immobilier et vous permettent d'atteindre vos objectifs financiers.

Par exemple, supposons que votre objectif soit de constituer un portefeuille diversifié comprenant à la fois des biens locatifs et des biens à rénover que vous pouvez louer. Vous voudrez peut-être commencer à chercher un logement locatif avec des locataires de confiance à long terme avant de commencer les travaux de réparation et de rénovation afin de pouvoir le mettre en service.

Comment réduire le risque d'investir dans l'immobilier ?

Vous pouvez réduire les risques en diversifiant vos placements immobiliers. Par exemple, si toutes vos propriétés se trouvent dans une région sujette aux catastrophes naturelles ou à une grande volatilité du marché, tout votre portefeuille serait détruit d'un coup. Découvrez différents états et lieux où les investissements ont un sens.

Quels sont les dangers d'un investissement immobilier ?

Bien que l'investissement immobilier puisse être rentable, il est important d'être conscient des pièges. Les principaux risques incluent des emplacements médiocres, des flux de trésorerie insuffisants, des taux d'inoccupation importants et des locataires problématiques. L'imprévisibilité du marché immobilier, les problèmes structurels latents et le manque de liquidités sont d'autres dangers dont il faut tenir compte.

Bonne lecture